MUST READ — ANALISI DEL LIBRO

AF153918

L'amore ai tempi del colera

GABRIEL GARCIA MARQUEZ

ANALISI DEL LIBRO

Scritto da Natalia Torres Behar
Tradotto da Sara Rossi

L'amore ai tempi del colera

GABRIEL GARCIA MARQUEZ

GABRIEL GARCÍA MÁRQUEZ

ROMANZIERE E GIORNALISTA COLOMBIANO

- **Nato ad Aracataca (Colombia) nel 1927**
- **È morto a Città del Messico nel 2014**
- **Premi letterari:**
    - Premio Rómulo Gallegos, 1972 (per *Cento anni di solitudine*)
    - Premio Nobel per la letteratura, 1982
- **Onorificenze di rilievo:**
    - Dottorato onorario in Lettere della Columbia University
- **Opere degne di nota:**
    - *Cento anni di solitudine* (1967), romanzo
    - *Cronaca di una morte annunciata* (1981), novella
    - *Strange Pilgrims* (1992), raccolta di racconti brevi
    - *Notizie di un rapimento* (1996), reportage

Gabriel García Márquez è nato nel 1927 ad Aracataca, una piccola città del Dipartimento di Magdalena in Colombia. Suo padre era Gabriel Eligio García, telegrafista e conservatore, e sua madre era Luisa Márquez, figlia di un colonnello. Nei primi anni del loro matrimonio, i genitori del futuro scrittore si trasferirono a Barranquilla, lasciando il piccolo García Márquez alle cure dei nonni materni.

Frequenta diverse scuole in tutto il Paese e termina gli studi secondari nel 1947. Si trasferisce quindi a Bogotà per studiare legge all'Università Nazionale della Colombia e pubblica il suo primo racconto, *La tercera resignación* ("La terza dimissione") sul quotidiano *El Espectador* mentre è ancora studente. Tuttavia, l'anno successivo fu costretto a tornare sulla costa caraibica in seguito ai disordini civili noti come "Bogotazo" del 1948. Inizialmente assecondò la volontà del padre e continuò gli studi all'Università di Cartagena, ma due anni dopo, nel 1950, abbandonò l'università e si trasferì a Barranquilla per diventare giornalista. È qui che incontra gli altri membri del cosiddetto Gruppo di Barranquilla, un gruppo di intellettuali che dà a García Márquez la spinta finale necessaria per iniziare a scrivere narrativa.

Da quel momento in poi, García Márquez iniziò a viaggiare frequentemente e visse in un'ampia varietà di città del mondo, tra cui Cartagena, Parigi e Città del Messico, dove risiedette per la maggior parte della sua vita. Nel 1967, la pubblicazione del romanzo *Cento anni di solitudine* lo catapultò in tutto il mondo e consolidò il suo status di autore di bestseller: il libro fu infatti tradotto in oltre 35 lingue. Oltre al successo commerciale, l'autore colombiano è stato considerato una delle voci più importanti della letteratura del XX secolo, sia in America Latina che nel mondo. È morto a Città del Messico nell'aprile 2014.

👁 LO SAPEVATE?

Il colonnello Márquez, nonno materno dello scrittore, si oppose con veemenza all'idea di permettere alla figlia di sposare Gabriel Eligio García, e cedette solo dopo che Eligio García le fece la corte per anni, durante i quali le scrisse costantemente lettere e le fece spesso serenate. Questa storia è stata un'enorme fonte di ispirazione sia per *L'amore ai tempi del colera* che per altri racconti dello scrittore.

L'AMORE AI TEMPI DEL COLERA

LA FORZA INDOMABILE DELL'AMORE

- **Genere:** romanzo

- **Edizione di riferimento:** García Márquez, G. (1998) *L'amore ai tempi del colera*. Trans. Grossman, E. Delhi: Penguin.

- **1ª edizione:** 1985

- **Temi:** l'amore come malattia, l'amore cortese, i motivi romantici, il donchisciottismo

L'amore ai tempi del colera è un romanzo dello scrittore colombiano Gabriel García Márquez. Pubblicato per la prima volta nel 1985, è una delle opere più tarde dell'autore ed è stato scritto in un momento in cui l'autore si stava allontanando dal realismo magico a cui era stato strettamente associato quando aveva raggiunto la fama mondiale. Al contrario, questo romanzo è una profonda riflessione sui temi dell'amore e delle relazioni umane. Nel corso della narrazione, le emozioni e le esperienze più profonde dei personaggi si intrecciano con la realtà quotidiana delle relazioni amorose, ma il romanzo è anche un'esplorazione di una serie di modi in cui l'amore è stato tipicamente rappresentato in diverse correnti della letteratura occidentale nel corso dei secoli, tra cui il Romanticismo e la letteratura medievale.

Il romanzo racconta le vite di Florentino Ariza e Fermina Daza ed è ambientato a Cartagena, in Colombia, all'inizio del XX secolo. Questa ambientazione permette a García Márquez di incorporare una serie di altri temi che sono prevalenti nel resto della sua opera, come la storia colombiana, la guerra, la politica e la letteratura stessa. L'*amore ai tempi del colera* è un romanzo eccezionale non solo per il suo valore estetico, ma anche per il modo in cui rende omaggio ad altri autori e movimenti che hanno segnato la storia della letteratura occidentale.

SINTESI

Il romanzo è incentrato sulla complicata relazione tra i personaggi di Florentino e Fermina, che abbiamo diviso in due
sezioni per una chiarezza ottimale: la loro giovinezza, la cui
fine è segnata dal matrimonio di Fermina, e i loro ultimi anni,
che iniziano dopo il matrimonio. Tuttavia, questa cronologia
non rispecchia la struttura del libro, che racconta la storia
secondo uno schema ciclico che alterna passato, presente e
futuro.

L'INFANZIA

I protagonisti del romanzo sono Florentino Ariza e Fermina
Daza, che si incontrano durante la giovinezza. Entrambi pro-
vengono dalla costa caraibica della Colombia e si sono stabi-
liti nella città di Cartagena. Dopo la morte del padre,
Florentino è costretto a guadagnarsi da vivere e viene assunto
come assistente di Lotario Thugut, un telegrafista.

Un giorno, Thugut manda Florentino a casa di Lorenzo Daza,
un uomo d'affari vedovo dal passato oscuro, originario delle
paludi della regione di Magdalena. L'uomo vive con la figlia
Fermina e la sorella Escolástica, un'anziana zitella che si
occupa della nipote. Mentre si trova a casa di Daza, il giovane
Florentino incontra Fermina per la prima volta. Questo
momento determina il corso del resto della sua vita, poiché
se ne innamora immediatamente e perdutamente.

Dopo una serie di tentativi esitanti e falliti, Florentino riesce infine a far recapitare una lettera al giovane oggetto del suo affetto, che permette di far sbocciare tra loro un casto corteggiamento per mezzo di lettere, regali e promesse tipicamente associate all'amore cortese.

Il padre di Fermina viene infine a conoscenza della loro relazione segreta e manda via la sorella in preda all'ira, ritenendola direttamente responsabile della relazione dei giovani amanti. Inoltre, porta la figlia in viaggio a Valledupar e successivamente si reca ancora più lontano, a Riohacha, nel tentativo di separare lei e Florentino e di farla rinsavire. Durante questo viaggio, Fermina incontra la famiglia della madre e stringe una forte amicizia con la cugina Hildebranda Sánchez, che durerà tutta la vita. Rimane in contatto anche con Florentino, lasciando che il loro rapporto s a alimentato da poesie e dalla promessa che un giorno si sposeranno, nonostante la distanza che li separa.

Fermina torna a Cartagena diversi anni dopo un lungo viaggio in mare. Tuttavia, quando si riunisce con il suo amato durante una passeggiata al mercato, tutti gli anni di attesa finiscono in una delusione. Fermina si rende conto che l'immagine mentale di Florentino che si era costruita nel corso degli anni non si basava altro che sulla passione giovanile, su poesie fiorite e promesse d'amore. Dopo essersi sentita confusa per diversi giorni, decide di porre fine al loro corteggiamento epistolare, dicendogli che "quando ti ho visto, ho capito che quello che c'è tra noi non è altro che un'illusione" (p. 102).

Nel frattempo, Juvenal Urbino de la Calle, figlio primogenito di una delle famiglie più influenti di Cartagena, arriva in nave, dopo aver appena terminato gli studi di medicina a Parigi, e si fa subito notare come una delle figure più importanti della città. Un giorno si presenta a casa Daza, su richiesta di Lorenzo, per fare una visita di controllo a Fermina. Proprio come Florentino tanti anni prima, rimane immediatamente colpito dalla bellezza e dalla forza di carattere di Fermina. Diventa subito ossessionato da lei ed è deciso a sposarla.

Con il consenso di Lorenzo, Giovenale inizia a corteggiarla. Tuttavia, a differenza di Florentino, il suo corteggiamento è sempre razionale, maturo e radicato in una determinazione terrena, mentre Florentino si lasciava trasportare da un'infinita retorica e da un elevato sentimentalismo platonico. Anche se Fermina inizialmente non è impressionata, alla fine accetta la sua proposta di matrimonio e le loro nozze segnano la fine della sua infanzia.

Venuto a conoscenza del fidanzamento dell'amata con un altro, Florentino sprofonda in una profonda depressione. Questo preoccupa la madre Tránsito, che decide di chiedere aiuto allo zio paterno del ragazzo, Leone XII Loayza. Dopo la morte del fratello, Leo è presidente della Compagnia fluviale dei Caraibi e si impietosisce del ragazzo facendogli ottenere un lavoro nell'ufficio telegrafico di Villa de Leyva, una città dell'interno della Colombia a 50 giorni di viaggio da Cartagena, nella speranza che questo sia una distrazione sufficiente a fargli dimenticare il suo dolore.

Florentino lascia Cartagena su una nave, maledicendo la sua fortuna. Durante il viaggio inizia a capire se stesso, i suoi sentimenti e le sue nevrosi, e augura la morte a Giovenale, a

Fermina e a se stesso come punizione per avergli causato tanta sofferenza. Una notte, una donna misteriosa si intrufola nel suo alloggio e lo introduce ai piaceri del sesso, che userà come balsamo per il resto della sua vita per lenire il suo dolore. A metà del viaggio, decide di tornare a Cartagena, fare fortuna e costruirsi una reputazione formidabile per conquistare un giorno il cuore di Fermina.

ANNI SUCCESSIVI

Fermina e Juvenal diventano presto una delle coppie più popolari di Cartagena grazie alla loro elevata posizione sociale e al loro patrocinio delle arti. Lo spirito progressista di Juvenal lo spinge a diventare una figura strumentale nello sviluppo della città, anche lontano dagli occhi del pubblico. Fermina rimane al suo fianco in tutto questo, e col tempo diventa la donna che suo padre aveva sempre sognato di essere: un modello per tutte le altre donne dell'aristocrazia colombiana, nonostante le sue umili origini.

La coppia ha una relazione stabile e duratura e ha due figli: Marco Aurelio e Ofelia. La loro vita insieme è serena, disturbata solo dai litigi tipici di ogni matrimonio e dalla relazione che Juvenal intraprende con Barbara Lynch, una sua paziente. Il loro matrimonio finisce una domenica di Pentecoste, quando Giovenale cade da una scala mentre cerca di catturare un pappagallo e muore.

Nel frattempo, Florentino dedica tutto il suo tempo e le sue energie a scalare i ranghi dell'azienda dello zio, aiutato da Leona Cassiani, con la quale intraprende un'insolita storia d'amore che non viene mai consumata. Alla fine, dopo la morte dello zio, diventa presidente dell'azienda, ma l'orgoglio per il prestigio che gli anni di duro lavoro gli hanno fatto guadagnare è costantemente smorzato dal dolore del suo cuore spezzato, acuito dalla morte della madre, l'unica donna che conosceva la profondità della sua sofferenza e che gli aveva dato il suo sostegno incondizionato. Questo duplice dolore spinge Florentino a cercare conforto tra le braccia di una serie di amanti di tutte le età, classi sociali e razze che incontra nel corso della sua lunga vita, e che alla fine sono più di 600.

Quando Florentino viene a sapere che Giovenale è morto, decide che questo è il segno che ha aspettato per tutta la vita e che deve provare a corteggiare Fermina ancora una volta. Utilizzando tutta la saggezza e la pazienza che ha acquisito nel corso degli anni, riesce a stringere una stretta amicizia con la vedova e le fornisce il sostegno di cui ha bisogno per riprendersi dal dolore e dalla confusione che prova dopo la morte del marito. Alla fine, i due – ormai un uomo e una donna anziani e profondamente innamorati – decidono di intraprendere una gita lungo il fiume con una delle barche della compagnia di Florentino.

Durante il viaggio, la coppia riscopre e consuma il proprio amore, che li fa sentire entrambi nuovamente giovani. Quando arrivano a destinazione, Florentino convince il capitano ad alzare la bandiera della peste che segnala la presenza del colera a bordo della nave, in modo da non dover imbarcare alcun carico o passeggero aggiuntivo e poter fare il viaggio di ritorno da soli, come una sorta di luna di miele prolungata. Il capitano discute con Florentino quando arrivano al porto di Cartagena, perché non sa come affrontare le conseguenze della loro menzogna. Florentino risponde semplicemente che faranno il viaggio un'altra volta, prolungando ancora una volta la luna di miele e permettendo all'amore tra lui e Fermina e tra il capitano e la sua amante di fiorire in questo luogo di libertà assoluta che si sono ritagliati. Alla fine, la luna di miele dura fino alla loro morte.

STUDIO DEL CARATTERE

FLORENTINO ARIZA

Florentino è uno dei personaggi principali di *L'amore ai tempi del colera* e la storia si svolge nell'arco di mezzo secolo della sua vita. Di conseguenza, il carattere di Florentino cambia costantemente in termini fisici, mentali ed emotivi nel corso della storia, ma è sempre guidato dalla sua costante stella polare: il suo ardente amore per Fermina Daza.

Florentino è un figlio illegittimo, frutto di una relazione extra-coniugale tra Pio V Loayza e Tránsito Ariza. Il padre non lo ha mai riconosciuto formalmente come figlio, pur fornendogli un sostegno economico. È timido, ha un carattere cupo e indossa abiti che lo fanno sembrare uscito dal secolo scorso. L'aspetto fisico di Florentino tende a ispirare pietà piuttosto che lussuria, cosa che sfrutta a suo vantaggio nel corso della vita per intraprendere relazioni adulterine con diverse donne. Sebbene non sia bello, presta molta attenzione al suo aspetto, indossa acqua di colonia e cerca sempre di apparire rispettabile secondo i suoi standard. Il suo obiettivo è quello di sfuggire alle ingiurie del tempo per apparire al meglio quando arriverà il momento di ricongiungersi con la donna che ama. Gli occhiali antiquati, il cappotto e il cappello fuori moda che indossa per nascondere la calvizie prematura lo rendono immediatamente riconoscibile. Dato che porta con sé anche un ombrello nero, l'effetto che ne deriva è decisamente cadaverico.

Diventa un avido lettore e scrittore fin da giovanissimo. Tuttavia, nonostante il suo grande amore per la poesia, Florentino non impara mai a distinguere tra la poesia ben scritta e quella mediocre, e divora indistintamente entrambi i tipi di versi. Quando langue nel profondo del cuore, trova una sorta di catarsi nello scrivere poesie, che arrivano a definire il modo in cui esprime il suo amore: attraverso la retorica, le parole, i simboli e le idee, piuttosto che le azioni. Questo tratto è particolarmente pronunciato in gioventù, ma si attenua con l'età. È malato per tutta la vita e i sintomi del suo strazio vengono spesso scambiati per i segni del colera.

FERMINA DAZA

La storia di *L'amore ai tempi del colera* è incentrata sul personaggio di Fermina Daza, mentre le vite degli altri personaggi ruotano attorno alle sue decisioni e ai suoi desideri. Suo padre è un ricco uomo d'affari delle paludi della regione della Magdalena che ha guadagnato la sua fortuna in modo illecito, e sua madre è morta quando lei era molto giovane, lasciandola allevare dalla zia paterna, Escolástica Daza.

La maggior parte delle descrizioni dell'aspetto fisico di Fermina si trovano nelle sezioni del libro in cui è ancora una giovane donna e sono dal punto di vista di Florentino, che la vede come la donna ideale e l'amore della sua vita. Fermina è convenzionalmente attraente e irradia eleganza e autorità, il che le permette di diventare rapidamente la donna a cui tutte le altre donne della sua cerchia sociale aspirano ad assomigliare. Tuttavia, la sua personalità gioca un ruolo molto più importante nella caratterizzazione del personaggio rispetto al suo aspetto fisico.

Fermina ha un tale orgoglio e una tale forza di volontà che chiunque discuta con lei sarà probabilmente costretto ad ammettere la sconfitta. Ciò è particolarmente evidente nel rapporto con il marito, Giovenale Urbino, poiché Fermina è solita vincere i loro frequenti battibecchi. Viene spesso etichettata come ribelle per la sua determinazione a essere libera di scegliere il proprio destino, ma questa determinazione è accompagnata da una grande saggezza, frutto della sua maturità e della sua mente razionale. Grazie a queste qualità, le persone più vicine a lei la considerano una persona su cui poter contare. Tuttavia, è anche una persona imperfetta, incapace di affrontare i sensi di colpa e con l'abitudine di nascondere le proprie paure e i propri problemi con scatti d'ira incontrollabili.

JUVENAL URBINO DE LA CALLE

Juvenal è il marito di Fermina ed è uno degli uomini più importanti e rispettati di Cartagena. È il primogenito di una famiglia di aristocratici colombiani e, una volta terminato il liceo, viene mandato in Europa a studiare medicina, come da tradizione che i primogeniti della famiglia Urbino seguono da anni. Il padre muore durante un viaggio nei Caraibi per curare un'epidemia di colera.

Juvenal è un uomo convenzionalmente bello, con un portamento rispettabile ed elegante, e in gioventù è considerato lo scapolo più ambito della regione. Come la moglie, diventa uno dei modelli della società di Cartagena ed è rinomato sia per le sue capacità mediche, che deve ai metodi all'avanguardia appresi in Francia, sia per la sua visione progressista. Giovenale intraprende un gran numero di progetti per migliorare e rivitalizzare la sua città, tra cui la supervisione della costruzione di un acquedotto e la sponsorizzazione dell'annuale Festival Poetico. È anche un devoto cristiano che si attiene a rigidi principi morali, con l'unica eccezione della sua breve relazione adulterina con Barbara Lynch. Non ama gli animali e, ironia della sorte, la sua morte è indirettamente causata dal suo unico animale domestico, un pappagallo.

TRÁNSITO ARIZA

Tránsito è la madre di Florentino. Non è sposata e gestisce un piccolo negozio di articoli da regalo in via delle Finestre. La sua attività è una copertura per un banco dei pegni dove gli aristocratici caduti in disgrazia vengono a vendere i loro gioielli per finanziare i loro stili di vita stravaganti. Trascorre la sua vita prendendosi cura del figlio e, quando scopre che si è innamorato, si adopera per aiutarlo a corteggiare Fermina e usa i suoi risparmi per comprare una casa per loro.

Con il passare del tempo, la memoria di Tránsito inizia a venir meno, così come il suo ingegno, finché un giorno inizia a pensare di essere la piccola Roachie Martínez, un personaggio di una storia per bambini. Muore improvvisamente per un attacco di cuore.

LORENZO DAZA

Lorenzo è un uomo d'affari che ha guadagnato la sua fortuna con il commercio di contrabbando e altri loschi traffici. Dopo la morte della moglie, il suo obiettivo nella vita è trasformare la figlia Fermina in un'importante signora dell'alta società e organizza con successo il suo matrimonio con Juvenal Urbino. Alla fine fugge nella sua città natale dopo che le sue attività illegali sono diventate di dominio pubblico, ma suo genero Giovenale tira alcuni fili per sistemare le cose.

ESCOLASTICA DAZA

La sorella di Lorenzo, Escolástica, è una zitella estremamente devota la cui vita è dedicata alla cura della nipote, alla quale fa da mentore, madre surrogata e confidente. Escolástica facilita anche la breve storia d'amore di Fermina con Florentino portando le lettere tra i due. Tuttavia, quando il fratello si accorge di ciò che sta facendo, la caccia di casa e non se ne hanno più notizie.

HILDEBRANDA SÁNCHEZ

Hildebranda è la cugina di Fermina. Le due ragazze si incontrano per la prima volta quando Fermina visita la città di Valledupar e diventano subito molto amiche. Questa amicizia rimane solida per tutta la vita, anche se la maggior parte delle amicizie di Fermina si sgretolano con il tempo. Hildebranda fornisce a Fermina un sostegno incondizionato nel corso della storia e aiuta la cugina nei momenti più bui. Sposa un soldato e insieme hanno diversi figli.

LEONE XII LOAYZA

Leo è lo zio paterno di Florentino e diventa presidente della Compagnia Fluviale dei Caraibi dopo la morte del fratello. Mantiene questa posizione per la maggior parte della sua vita. Leo è una delle persone che aiutano Florentino a salire nella scala sociale ed economica, e lo nomina nuovo presidente dell'azienda di famiglia quando viene a sapere che non gli resta molto da vivere. Muore in un ranch alla periferia della città con il nipote al suo fianco.

LEONA CASSIANI

Leona è una donna di razza mista che un giorno incontra Florentino sul tram. Sebbene inizialmente lui intenda aggiungerla alla sua lunga lista di conquiste, i due non consumano mai la loro relazione e Leona finisce per chiedere a Florentino se può trovarle un lavoro nella Compagnia Fluviale dei Caraibi. Leona sale gradualmente nei ranghi della compagnia, conquistando il rispetto di Leone XII, che a quel punto è ancora il presidente della compagnia. Come Tránsito Ariza prima di lei, l'obiettivo principale della vita di Leona diventa la sua determinazione ad aiutare Florentino, di cui diventa una sorta di madre surrogata. È anche una delle persone responsabili della sua ascesa ai vertici della Compagnia Fluviale dei Caraibi.

AMÉRICA VICUÑA

América è la giovane pupilla di Florentino, che incontra quando lei è ancora una studentessa di liceo e lui un uomo anziano. È l'ultima amante di Florentino prima del suo ricongiungimento con l'amata Fermina, e América si suicida quando viene a sapere della loro relazione.

BARBARA LYNCH

Barbara è una paziente di Giovenale, con la quale ha una relazione adulterina di circa quattro mesi. Questa è l'unica volta che Giovenale si allontana dai rigidi principi morali a cui si attiene, e porta al peggior conflitto tra Giovenale e Fermina in tutti i loro anni insieme.

ANALISI

FORMA

Genere e stile

Quando si parla di un'opera di García Márquez, la domanda se il libro possa o meno essere classificato come realismo magico non è mai lontana dalla bocca di nessuno, poiché lo scrittore colombiano era fortemente associato a questo movimento. Tuttavia, è importante sottolineare che non tutte le sue opere appartengono a questo genere.

 ## REALISMO MAGICO

Sebbene il realismo magico sia stato originariamente concepito come una forma narrativa peculiare della letteratura latinoamericana e come un mezzo espressivo che si basava su punti di riferimento latinoamericani anziché su un quadro culturale europeo, ha finito per avere l'effetto opposto e per diventare un prodotto culturale molto popolare nel mondo occidentale. Una delle caratteristiche del movimento è il modo in cui presenta situazioni reali, che possono essere politicamente o logicamente complesse o estremamente violente, in modo irrealistico.

Le prime opere di García Márquez, che si ispirarono molto agli scritti di William Faulkner (scrittore americano, 1897-1962) e che culminarono con la pubblicazione di *Cento anni di solitudine* nel 1967, sono le più tipiche di questo genere: ad esempio, la scena in cui Remedios ascende al cielo, simboleggiando la sua morte, è un classico esempio delle convenzioni del realismo magico. Tuttavia, questi motivi sono molto meno presenti nelle opere successive di García Márquez, che hanno uno stile molto più giornalistico e realistico.

Il genere di *L'amore ai tempi del colera* potrebbe forse essere meglio descritto come realismo magico-avvicinato. Sebbene la storia sia costellata di metafore esagerate e immagini che spesso sfiorano il surrealismo, lo stile di *L'amore ai tempi del colera* è completamente diverso da quello utilizzato nelle sue opere precedenti. Invece di usare l'immaginario letterario per descrivere elementi tangibili del mondo reale, lo usa per evocare le sfumature del concetto astratto di amore, il che porta il romanzo in diretto allineamento con le tradizioni letterarie occidentali che risalgono a secoli fa.

In effetti, la natura intertestuale del romanzo è forse una delle sue caratteristiche principali. Sia il narratore che i personaggi stessi sono consapevoli della storia letteraria, e questa consapevolezza si manifesta in due modi:

- attraverso riferimenti diretti ad altri autori, tra cui Marcel Proust (p. 114) e Joseph Conrad (p. 320), e al Secolo d'Oro spagnolo (p. 75);

- attraverso l'inserimento di motivi romantici come il faro e i viaggi, che ricorrono in diverse occasioni, e in particolare attraverso l'uso di motivi associati alla tradizione dell'amor cortese, come le promesse, il regalare ciocche di capelli, lo scambio di lettere e l'idealizzazione dell'oggetto dei propri affetti.

In effetti, il romanzo agisce come una sorta di catalogo dei diversi tipi di amore attraverso il modo in cui mostra varie forme storiche e letterarie di amore, oltre a riflettere sul modo in cui fattori esterni come l'età e il tempo possono cambiare la natura dell'amore.

Lingua e struttura

Il romanzo è diviso in sei capitoli e la sua struttura presenta una delle caratteristiche più ricorrenti della scrittura di García Márquez: l'uso di una linea temporale non lineare. L'*amore ai tempi del colera* è ambientato in un luogo specifico (Cartagena, Colombia) e in un periodo di tempo (poco più di mezzo secolo), ma il narratore salta continuamente tra passato, presente e futuro, e tra le diverse zone in cui vivono i protagonisti. Questa tecnica permette di raccontare la storia di Florentino e Fermina in un modo che inquadra la loro vita prima del ricongiungimento come un ricordo, mostrando anche come si sviluppa il loro rapporto nella vecchiaia.

Il libro è scritto in terza persona, ma il narratore si addentra costantemente nei pensieri e nei sentimenti dei personaggi, rendendo possibili i salti temporali del romanzo. Tuttavia, il narratore non è onnisciente, poiché è legato alle azioni dei personaggi.

Allo stesso modo, la narrazione è di natura quasi cinematografica, in quanto il narratore segue i personaggi come una telecamera, oltre a fornire descrizioni dettagliate dei loro ambienti e dintorni. Questo crea una narrazione polifonica in cui le voci dei personaggi possono essere facilmente soffocate dall'ambiente circostante. Un esempio di questa polifonia si può vedere quando Fermina visita il mercato: "Affondò nel caldo clamore dei lustrascarpe e dei venditori di uccelli, dei venditori di libri a buon mercato e degli stregoni e dei venditori di dolciumi che gridavano sopra il frastuono della folla; dolci all'ananas per il tuo tesoro, caramelle al cocco per il tuo zucchero" (p. 101).

Infine, il romanzo mostra anche il caratteristico stile di scrittura di García Márquez. Nonostante la sua carriera di giornalista, l'opera dello scrittore è caratterizzata dall'uso di frasi e paragrafi estremamente lunghi, spesso separati da virgole anziché da punti fermi e caratterizzati da una grande quantità di aggettivi e allitterazioni. Ciò conferisce alla sua opera una qualità lirica che enfatizza la descrizione rispetto all'azione e crea uno stile narrativo intensamente visivo.

TEMI

Come già accennato, l'amore è il tema chiave e il romanzo presenta diversi modi in cui questo complesso concetto può essere visto e compreso, i più importanti dei quali sono analizzati nelle pagine seguenti.

L'amore come malattia

L'amore come malattia è uno dei motivi più antichi della letteratura occidentale e può essere fatto risalire all'antica Grecia. Uno dei primi esempi degni di nota di questa metafora si trova nell'opera *Ippolito* di Euripide (tragediografo greco, 480-406 a.C. circa) (428 a.C.), e ha conosciuto una nuova impennata di popolarità con l'emergere dei movimenti letterari successivi durante il Secolo d'Oro spagnolo e con il Romanticismo. In queste opere, l'amore è visto come una malattia a causa della sua capacità di distorcere la realtà: l'amata diventa sempre più bella agli occhi del suo spasimante e gli individui malati d'amore perdono il senno e sprofondano nell'angoscia. Questa concezione dell'amore ha anche reso popolare l'idea che l'amore sia una passione, cioè un processo che causa sofferenza.

Nel caso di questo romanzo in particolare, il paragone tra amore e malattia non potrebbe essere più esplicito, visto che entrambi sono citati nel titolo stesso! L'amore e il colera sono costantemente paragonati nel corso del romanzo, in particolare attraverso il personaggio di Florentino, i cui sintomi del mal di cuore sono simili a quelli del colera: "Ma il suo esame rivelò che non aveva febbre, né dolori da nessuna parte, e che il suo unico sentimento concreto era un urgente desiderio di morire. Bastava un'accorta domanda, […] per concludere ancora una volta che i sintomi dell'amore erano gli stessi del colera" (p. 62).

Questa metafora può essere estesa e interpretata in vari modi; ad esempio, può portare a pensare che se l'amore è una malattia, allora nessuno ha il controllo su chi si innamora o su come si sviluppa questo sentimento. Come il colera nella Colombia del XX secolo, l'amore è un'epidemia che non può essere curata. Infatti, all'inizio del romanzo Juvenal si trova davanti al cadavere di Jeremiah de Saint-Amour e riflette sul fatto che "tra gli innumerevoli suicidi che ricordava, questo era il primo con il cianuro che non era stato causato dalle sofferenze dell'amore" (p. 5).

Amore cortese

Nel corso del romanzo, il concetto di amore viene esplorato in vari modi, dalle riflessioni del narratore e dei personaggi ai riferimenti intertestuali. Uno di questi punti di riferimento, forse il più ovvio e ripetuto di tutti, è quello dell'amore cortese. Questo concetto letterario, che è più comunemente associato alla letteratura medievale, ritrae l'amore come nobile, puro e cavalleresco. L'amore cortese si consuma raramente in senso fisico ed è solitamente considerato più astratto e idealizzato che materiale. I critici hanno paragonato le storie d'amore cortesi a relazioni basate sulla fedeltà, in cui l'uomo si sottomette alla volontà della donna.

La tradizione dell'amore cortese codificava una serie di passi che la coppia doveva seguire, tra cui l'invio di lettere, lo scambio di doni e promesse e il compimento di atti eroici. Nel romanzo, le prime fasi della relazione tra Florentino Ariza e Fermina Daza sono caratterizzate da una serie di questi passaggi; infatti, la loro relazione inizia e viene sostenuta dalle lettere che si scambiano. Si regalano persino una ciocca di capelli, che è forse il segno più evidente dell'amore cortese: "Fu lui, non lei, ad avere l'audacia di allegare una ciocca di capelli in una lettera, ma non ricevette mai la risposta che desiderava, ovvero un'intera ciocca della treccia di Fermina Daza" (p. 69).

Il modo in cui vengono presentati questi punti di riferimento è duplice. In primo luogo, la concezione dell'amore di Florentino si basa su una combinazione di tradizioni letterarie che sembra quasi fuori luogo, soprattutto nella sua giovinezza. È consumato dal linguaggio, dalla retorica e dalla poesia dell'amore e considera l'emozione stessa un'esperienza trascendente. Fermina è l'altra faccia della medaglia: col passare degli anni diventa sempre più pragmatica e razionale e basa la sua concezione dell'amore sui modi più banali in cui si manifesta, come la realtà quotidiana della convivenza. In questo modo, ognuna di loro concepisce l'amore in un modo che fa da contrappunto alla prospettiva dell'altra.

Motivi romantici

L'intertestualità di questo romanzo non si limita ai riferimenti all'amore cortese: è anche ricco di motivi romantici.

 ROMANTICISMO

Il Romanticismo è stato un movimento artistico e culturale emerso in Europa, e successivamente in America, alla fine del XVIII secolo. Sorto in risposta al razionalismo predominante all'epoca, frutto di movimenti come l'Illuminismo francese, si basava su una filosofia di vita che esaltava i valori dell'individualismo, della creatività e del nazionalismo e dava grande importanza all'arte e al folklore. Sebbene il Romanticismo abbia idealizzato un'ampia gamma di valori ed emozioni, di solito è più strettamente associato alla nostalgia e alla malinconia. Di conseguenza, all'interno del movimento emersero due tendenze distinte: il ritorno alle forme classiche risalenti all'antica Grecia e l'idealizzazione dei ricordi e degli ambienti associati all'infanzia. Gli scrittori romantici nuotavano controcorrente perché la loro logica, la loro estetica e il modo in cui interagivano con la realtà erano atipici per l'epoca in cui vivevano.

Il Romanticismo è stato caratterizzato anche dall'uso ricorrente di alcuni motivi letterari: il viaggio, la passione romantica, la nostalgia, la malinconia, il *locus amoenus* (luogo idilliaco), la forza cruda della natura, l'idealismo, e così via.

Tra gli scrittori romantici più influenti figurano Johann Wolfgang von Goethe (scrittore tedesco, 1749-1832), Lord Byron (poeta inglese, 1788-1824), William Wordsworth (poeta inglese, 1770-1850), John Keats (poeta inglese, 1795-1821), Mary Shelley (scrittrice inglese, 1797-1851) e José de Espronceda (poeta spagnolo, 1808-1842).

I motivi romantici appaiono in *L'amore ai tempi dl colera* in vari modi, dall'uso di immagini classiche romantiche e riferimenti diretti alla letteratura classica romantica spagnola al modo in cui vengono sviluppati i personaggi.

Nel romanzo, i motivi romantici sono spesso utilizzati nelle rappresentazioni della natura per sottolineare la dualità della sua bellezza e del suo potere distruttivo. Inoltre, l'ambiente in cui vivono i personaggi – soprattutto Fermina, almeno quando è in presenza di Florentino – è idilliaco e permette alle persone che lo abitano di vivere esperienze che sfiorano il divino, rendendolo un classico esempio del cosiddetto *locus amoenus*. Tuttavia, la natura può anche essere crudele e spietata, e l'amore non ha alcun significato per essa, come dimostrano molte delle situazioni in cui Florentino si trova, come quando cerca rifugio in un faro mentre intorno a lui infuria la tempesta o quando vaga sotto la pioggia alla ricerca dell'immagine di Fermina.

Inoltre, Florentino è un personaggio intrinsecamente romantico: la sua concezione e le sue esperienze d'amore sono anacronistiche, in quanto sembrano appartenere a tempi lontani e a luoghi distanti piuttosto che alla sua realtà attuale, e questo lo porta in conflitto con gli altri personaggi e con il mondo in cui vive.

Florentino: un Don Chisciotte del XX secolo

Se la natura di Florentino può essere attribuita al suo spirito fondamentalmente romantico, è anche possibile tracciare un paragone tra lui e il protagonista eponimo di *Don Chisciotte* (1605, 1615), che è probabilmente il personaggio più significativo della storia letteraria spagnola. Don Chisciotte, inventato dallo scrittore spagnolo Miguel de Cervantes (1547-1616), è un nobile di basso rango che vive nella regione della Mancia, nella Spagna del XVII secolo. Trascorre il suo tempo divorando uno dopo l'altro tutti i romanzi cavallereschi della sua vasta biblioteca, finché non perde il controllo della realtà e inizia a credere di essere lui stesso un cavaliere. Da quel momento in poi, distorce costantemente la realtà per plasmarla secondo la logica cavalleresca che ha iniziato a seguire. In effetti, confondere realtà e finzione è noto come donchisciottismo, in onore del personaggio di Cervantes.

Tenendo conto di ciò, è tutt'altro che irragionevole accusare Florentino di donchisciottismo. L'amore è la base su cui si fonda la sua vita, ma più che un'emozione che viene da dentro, deriva dalla storia e, soprattutto, dalla letteratura: "Furono la fonte originaria delle sue prime lettere a Fermina Daza, quelle tenerezze a metà prese integralmente dai romantici spagnoli, e le sue lettere continuarono su quella linea fino a quando la vita reale non lo costrinse a occuparsi di questioni più mondane del mal di cuore" (p. 75). L'amore disinibito di Florentino è il prodotto del suo avido consumo letterario, motivo per cui i suoi sentimenti sono espressi attraverso la poesia e la retorica per quasi tutto il romanzo, allontanandoli dagli aspetti più mondani dell'amore su cui si concentra Fermina. Prima ancora di innamorarsi di Fermina, Florentino è già innamorato dell'idea di innamorarsi, e più in particolare dell'idea di innamorarsi in un modo che riecheggi la poesia che gli piace tanto.

ULTERIORI RIFLESSIONI

ALCUNE DOMANDE SU CUI RIFLETTERE...

- Sebbene l'amore sia il tema principale di *L'amore ai tempi del colera*, il romanzo affronta anche una serie di altri temi. Lo fa in modo diretto o indiretto? Quali metafore, immagini e riferimenti utilizza il romanzo per affrontarli?

- Uno dei tratti più importanti della personalità di Fermina è la sua forza di carattere. Confrontate il modo in cui Fermina viene rappresentata con il modo in cui vengono ritratte le altre donne nel corso del romanzo.

- Come vengono ritratte le donne in generale all'interno del romanzo?

- Nel romanzo l'amore è paragonato alla malattia, più precisamente al colera. A cos'altro paragona il romanzo l'amore?

- Il personaggio di Florentino Ariza può essere paragonato al personaggio di Werther (dal romanzo epistolare di Goethe *I dolori del giovane Werther*, 1774)? Scegliete due personaggi di altri libri, serie televisive o film che potrebbero essere paragonati a Florentino e spiegate le vostre scelte.

- Il romanzo segue una linea temporale ciclica che alterna passato, presente e futuro. In quali altri modi il romanzo è ciclico? Alcuni personaggi hanno caratteristiche ricorrenti?

ULTERIORI LETTURE

EDIZIONE DI RIFERIMENTO

García Márquez, G. (1998) *L'amore ai tempi del colera*. Trans. Grossman, E. Delhi: Penguin.

STUDI DI RIFERIMENTO

Kemper Columbus, C. (1992) Echi flebili e riflessi sbiaditi: Amore e giustizia ai tempi del colera. *Letteratura del Novecento*. [Online]. [Consultato il 27 febbraio 2018]. Vol. 38 (1), pp. 89-100. Disponibile da: <http://faculty.winthrop.edu/kosterj/engl618/readings/marquez/columbusFaintEchoesCholera.pdf>

Monroy Zuluaga, L. (2009) Acercamiento a luchas axiológicas en *El amor en los tiempos del cólera* de Gabriel García Márquez. *Università di Tolima*. [Online]. [Accessed 27 February 2018]. Disponibile da: <https://webs.ucm.es/info/especulo/numero40/axioggm.html>

LETTURA CONSIGLIATA

Martin, G. (2012) *Introduzione a Gabriel García Márquez*. Cambridge: Cambridge University Press. Capitolo 6.

Swanson, P. ed. (2010) *The Cambridge Companion to Gabriel García Márquez*. Cambridge: Cambridge University Press.

ADATTAMENTI

L'amore ai tempi del colera. (2007) [Film]. Mike Newell. Dir. Spagna: New Line Cinema.

Vogliamo sapere da voi!
Lasciate un commento sulla vostra biblioteca online
e condividete i vostri libri preferiti sui social media!

www.50minutes.com

Master ISBN: 9782808690911
ISBN cartaceo: 9782808612319
Deposito legale: D/2023/12603/1511

Copertura: © Primento

Concezione digitale a cura di Primento, il partner digitale degli editori.